Neue Fingerspiele

für Krippenkinder

Spielideen, Lieder, Bewegungsspiele und Fingertheater zum Spaßhaben, für kleine Übergänge u.v.m.

Praxisreihe Kindergarten

Inhalt

Fingerspiele für die Sprachentwicklung

Fingerspiele zum Streicheln, Berühren und Trösten

Fingerspiele, Handgestenspiele und Bewegungsspiele für alle Jahreszeiten

Fingerspiele und Fingerspiel-Lieder für „kleine" Übergänge

Kleine Fingertheater

Eins, zwei, drei – die Finger sind dabei!

Ganz neue Fingerspiele für Krippenkinder

Was Fingerspiele alles können! Die kurzen Gedichte und Geschichten mit Fingerbegleitung eignen sich gerade für Kinder bis drei Jahren, weil sie so einfach sind und mit ihrer meist gereimten Sprache schnell die Aufmerksamkeit der Kinder auf sich ziehen. Im direkten Alltag sind Fingerspiele einfach nützlich und unverzichtbar. Klar, die kleinen Spiele mit Händen und Fingern machen gerade wegen der vielen Wiederholungen Freude. Aber manchmal darf es auch etwas Neues sein: und zwar Fingerspiele, die der heutigen Erfahrungswelt der Kinder mehr entsprechen als so manches althergebrachte Fingerspiel. In diesem Heft finden Sie solche Fingerspiele und auch Mitmachgedichte für den Morgenkreis, für die Eins-zu-eins-Situation oder zum Trösten und Kuscheln. Wobei können Fingerspiele gerade Ihren Krippenkindern helfen? Das erfahren Sie hier.

MIT FINGERSPIELEN EINDRÜCKE VERARBEITEN

Jüngeren Kindern fehlt noch häufig, was Erwachsene und ältere Kinder schon haben: ein Filter, der die Eindrücke aus unserer Umwelt für uns siebt und uns (meist) vor Reizüberflutung schützt. Und auch die Fähigkeit, Erlebtes in Gedanken noch einmal durchzugehen, um den Kopf wieder freizuhaben für Neues. Kurz: Die Kompetenz, Eindrücke angemessen zu verarbeiten, entwickelt sich noch. Wovon sind Ihre Kinder gerade fasziniert oder welche Eindrücke nehmen sie gerade auf? Das kann der Lärm, den der Rasenmäher im Krippengarten macht, sein oder die Sonne, die heute vielleicht greller scheint als sonst. Es kann ein neues Spielzeug sein, ein Tier, das sich gerade beobachten lässt, Silvesterraketen oder eine glänzende Verpackung. Manche Eindrücke können die Kinder auch verunsichern, weil sie noch unbekannt sind. Fingerspiele können helfen, das Erlebte oder Wahrgenommene noch einmal aufzunehmen und gemeinsam zu thematisieren, etwa im Morgenkreis. So können die Kinder ihre Eindrücke besser benennen, zuordnen und verarbeiten.

FINGERSPIELE ZUM TRÖSTEN UND BERUHIGEN

Eine besondere Rolle können Fingerspiele gerade in solchen Situationen übernehmen, in denen die Kinder unsicher sind, sich verletzt haben oder Streitigkeiten ausfechten. Und da gäbe es bestimmt noch weitere Situationen (Bring-Situation am Morgen, Einschlafen vor dem Mittagsschlaf, ...), in denen die Kinder Zuwendung, eine gewissen Ruhe oder Beruhigung und Erholung brauchen. Je nach Art der Situation sind Fingerspiele dann natürlich kein Allheilmittel oder Passt-schon-Rezept, aber sie können helfen. Oft wünschen sich Kinder dann sogar ein bestimmtes Spiel, Lied oder einen Reim, der ihnen das Gefühl von Sicherheit vermittelt oder signalisiert: Alles ist wie immer, alles ist gut, alles ist in Ordnung. Sicherlich sind Fingerspiele dieser Art nicht dazu gedacht, kindliche Bedürfnisse und Nöte schnell abzuhaken, vielmehr können sie dem Kind aber signalisieren: Ich bin für dich da, ich nehme mir Zeit, ich singe mit dir unser Lied. Sie können dem Kind helfen, sich aus als unangenehm erlebten Situationen wieder zu lösen und gerade im manchmal trubeligen Kita-Alltag können Sie für eine oder zwei Minuten Ruhe schenken. Setzen Sie ein Tröste-Fingerspiel oder ein Liedchen in der Eins-zu-eins-Situation ein, dann hat das Kind außerdem das Gefühl, dass es Sie in dieser Zeit ganz für sich allein hat. Auch das kann schon helfen.

MIT FINGERSPIELEN ÜBERGÄNGE GESTALTEN

Der rituelle Charakter von Fingerspielen rührt daher, dass sie immer gleich sind, sich immer wieder auf gleiche Art wiederholen: so lange, bis das Kind schon weiß, welcher Vers als Nächstes kommt. Gerade die Vorhersagbarkeit ist es, die kleinen Kindern Verlässlichkeit signalisiert und zu Weltsicherheit führt. Darum nutzen bestimmt auch Sie Fingerspiele und ähnliche Reime und Verse schon seit Langem, um Übergänge für die Kinder zu gestalten. Gerade die „kleinen" Übergänge, die sogenannten Mikrotransitionen im direkten Kita-Alltag, sind es, die Sie mit bestimmten, sich wiederholenden Reimen, Liedern und Spielen so gestalten können, dass die Kinder verstehen, dass ein kleiner Übergang bevorsteht – ohne dass sie wegen diesem verunsichert sind. So haben Sie bestimmt schon einige Lieder und Reime zur Hand, wenn Sie mit den Kindern nach draußen gehen, wenn es Mittagessen gibt oder wenn Sie die Kinder morgens begrüßen. Ergänzend finden Sie in diesem Heft eine kleine Auswahl, aus der Sie sich passendes Material aussuchen und zusammenstellen können. Wichtig ist dann, dass Sie diese Lieder oder Reime immer (oder zumindest oft) gemeinsam singen oder spielen, wenn ein Übergang ansteht.

FINGERSPIELE FÜR DEN SPRACHERWERB

Das Sprechenlernen ist für Kinder im Krippenalter einer der wichtigsten Entwicklungsschritte überhaupt. Aber warum eigentlich soll gerade ein Fingerspiel beim Spracherwerb helfen? Fingerspiele unterstützen die Kinder gleich auf mehrere Arten beim Sprechen- und beim Verstehenlernen: Sie ziehen die Aufmerksamkeit des Kindes auf sich durch die gebundene Sprache (Reime), sie führen vor, wie Sprache getaktet, rhythmisiert und syntaktisch geordnet sein kann und animieren das Kind, dies nachzumachen. Vor allem aber erzählt fast jedes kleine Fingerspiel – und sei es noch so kurz – eine eigene Geschichte.

Das Erfassen einer „Handlung" ist eine schon recht abstrakte und kognitiv anspruchsvolle Leistung – und gerade das bringen sich Kinder mit Fingerspielen auf fröhliche und spielerische Art selbst bei. Klassische Fingerspiele denken beispielsweise oft den vier Fingern einer Hand eine bestimmte Rolle zu, die der kleine Finger – als Scherz zum Schluss – sprengt oder auf witzige Weise ergänzt. Fingerspiele dieser Art haben also vier Erzählstationen und eine fünfte, die Pointe, die die Kinder erfassen und im Optimalfall je nach Alter schon mit- oder nachsprechen können. Dass Fingerspiele so auch den Wortschatz erweitern oder festigen können, versteht sich dann fast von selbst. Es ist das bewusste „In-Worte-Fassen", das es Kindern erlaubt, Sprache mit der realen Welt zu verknüpfen.

IN DIESEM HEFT ...

... finden Sie Fingerspiele, Lieder mit Fingerspielbegleitung, Mitmachgedichte und Streichel-, Tröste- und Beruhigungsverse als kleinen Almanach, den Sie im Alltag stets zur Hand nehmen können. Gleichzeitig finden Sie auch entsprechende Ideen, die auf typische Alltagssituationen in der Krippe zugeschnitten sind: etwa Mittagsschlaf, Begrüßung, Verabschiedung des bringenden Elternteils. Stellen Sie sich daraus Ihr geheimes Helfer-Schatzkästchen zusammen!

Fingerspiele

für die Sprachentwicklung

Laute nachahmen, Flüstern, Pusten oder den Wortschatz erweitern: Die Fingerspiele in diesem Kapitel sprechen vor allem die Sprachentwicklung der Kinder an. Pusten Sie gemeinsam Blätter weg, verstecken Sie die Finger und finden Sie sie wieder oder schnippen und schnappen Sie wie eine Schere!

Ab 1 Jahr

Die Sonne

Ein Mitmachgedicht mit Fingern, Händen, Armen

Weil die Sonne gerade erst aufsteht, flüstern alle zu Beginn dieses Mitmachreims. Dann stellen die Kinder den Weg der Sonne im Tagesablauf nach und bemerken: Auch die Sonne geht abends schlafen. Flüstern und lautes Sprechen verbinden sich hierbei mit großen Bewegungen, die das Gesagte besser verständlich machen.

Zu Beginn des Spiels können sich alle an den Händen halten, einfach im Sitzen oder Stehen – je nachdem, wie gut die Kinder schon allein stehen können. So verstehen die ganz Kleinen unter Ihren Krippenkindern, dass jetzt eine gemeinsame Aktion stattfindet, und spüren mehr Verbundenheit.

Psst, wir flüstern! Wer hätt es gedacht:
Grad erst ist sie aufgewacht!
flüstern, den Finger an die Lippen legen

Die Sonne, gelb und rund und wunderschön,
schon könnt ihr sie am Himmel stehen.
mit den Armen das Rund der Sonne in die Luft malen

Sie gähnt und streckt sich noch, na klar,
dann scheint sie hell und wunderbar.
die Arme in die Luft halten und ganz weit ausbreiten

Und wisst ihr auch, was dann passiert?
Wenn sie den Himmel überquert?
Dann strahlt und scheint sie hell und schön ...
die Arme als Sonne ausbreiten

... und abends? Da muss sie schlafen gehen.
Schlafbewegung, beispielsweise Kopf auf die gefalteten Hände legen

TIPP Sprechen Sie mit den Kindern darüber, was denn eigentlich passiert, wenn die Sonne nicht mehr scheint, wenn es Nacht wird: Dann wird es dunkel. Aber am nächsten Tag, sobald die Sonne aufgeht, wird es wieder hell.

Brummmm!

Ein Rennauto-Fingergedicht

Ab 18 Monaten

Dieses Fingerspiel können die Kinder mit Autogeräuschen begleiten, die sie nach eigenen Eindrücken selbst machen können. Eine tolle Übung für die Mundmotorik ist das Pusten von Luft durch die Lippen, wobei die Lippen vibrieren. Diese kleine Mundmotorik-Übung können Sie hier einsetzen.

Brummm, ein Auto brummt herbei,
und da kommt auch schon Nummer zwei.
wie oben beschrieben Autogeräusche machen, den Daumen und dann den Zeigefinger ausklappen

Jetzt kommt ein drittes Auto an,
ein viertes rollt jetzt auch noch ran.
Mittelfinger und Ringfinger dazunehmen

Die machen viel Lärm und hupen und brummen,
Räder quietschen, Motoren brummen.
wieder die Autogeräusche machen

Da kommt das fünfte Auto an
und fängt auch noch zu hupen an!
den kleinen Finger dazunehmen und mit den Fingern wackeln

Ab 18 Monaten

Das kleine Männchen

Ein Fingerspiel mit nur zwei Fingern

Können Ihre Kinder zwei Finger bewegen wie ein Männchen, das läuft? Dann können Sie schon bei diesem kleinen Reim mitmachen – und die Geschichte vom eiligen Männchen erzählen. Dieses Fingerspiel eignet sich auch für den Einzelkontakt sehr gut, bei dem Sie das Kind freundlich und sanft berühren können.

Für den Einzelkontakt nehmen Sie das Kind nach Wunsch auf den Schoß. So kann das Männchen über den Körper des Kindes laufen. Im Kreis führen die Kinder die Bewegungen einfach bei sich selbst aus.

Es war einmal ein Männchen, ganz klein.
Das rannte und rannte, tagaus, tagein.
mit den beiden Fingern auf der Stelle laufen, beispielsweise auf dem Oberschenkel oder dem Boden

Es rannte über Berge und Höhen,
von dort konnte es die Welt gut sehen.
mit den Fingern auf die Schulter oder den Kopf laufen

Es rannte durch Täler über Straßen – tipptapp,
durch Täler und Schluchten, hinauf und hinab.
kreuz und quer über die Arme, die Brust, die Schultern, die Beine laufen

Doch dann eines Tages war's nicht mehr zu seh'n,
tschüss, kleines Männchen, auf Wiederseh'n!
die Hand hinter dem Rücken verstecken

ERWEITERUNG

Soll das Männchen wiederkommen? Falls Ihre Kinder das wünschen oder das Männchen nun suchen, können Sie das Fingerspiel erneut durchführen und/oder diese kleine Erweiterung anschließen:

Da ist das Männchen, es läuft schnell zu dir.
Dem Männchen gefällt es nämlich hier!
das Männchen am Arm hochlaufen lassen und das Kind am Hals streicheln oder kitzeln

Ein Windchen, mein Kindchen

Ab 1 Jahr

Ein Pustefingerspiel

Pusten und gleichzeitig Bewegungen mit den Fingern machen: Das ist gar nicht so einfach! Die ganz jungen Krippenkinder können darum einfach nur pusten, die älteren Krippenkinder stellen mit den Fingern auch die Geschichte nach.

Ein Windchen, mein Kindchen, das pustet heut fest:
dass es kein Blättchen an Bäumen mehr lässt.
die Hand als Baum hochhalten und mit den Fingern
als Zweige wackeln, dazu fest pusten

Es pustet die Blätter hoch hinauf,
sie steigen ganz weit in den Himmel auf.
pusten und die Hände ganz hochhalten, dazu die Finger bewegen

Es pustet auf Blumen, hui, wie das weht!
Sie biegen und knicken, bis keine mehr steht.
die Hand hochhalten und die Finger einknicken, dazu weiterpusten

Dann zieht es weiter, davon in die Welt,
so wie es Winden und Stürmen gefällt.
winken, aufhören zu pusten

Die Blumen richten sich wieder auf
und schon fallen die Blättchen von oben darauf.
die Hand mit den eingeknickten Fingern hochhalten,
Finger wieder ausstrecken, die andere Hand drauflegen

Ab 1 Jahr

Die Schere Schnippischnapp

Ein Scherenbewegung-Fingerspiel für die Feinmotorik

Schnippschnapp – alles ab! In diesem Fingerspiel können die Kinder die Bewegung von Zeige- und Mittelfinger trainieren. Eine gute Übung zur Stärkung und Sensibilisierung der Sehnen, Muskeln und Gelenke sowie der Tastsinneszellen in diesen beiden Fingern und eine Vorübung fürs Stiftehalten und spätere Schreibenlernen.

Bei diesem Fingerspiel machen die Kinder einfach immer Scherenbewegungen mit Mittel- und Zeigefinger: Ältere Krippenkinder können das Spiel auch so spielen, dass immer nur in der zweiten Verszeile die Scherenbewegung gemacht wird bei. In der letzten Strophe die Hand hinter dem Rücken verstecken.

Ich bin die Schere Schnippischnapp
und schneide gerne Sachen ab.

Ein Stück Papier, schnippschnapp, schnippschnapp,
da schneid ich kleine Schnipsel ab.

Ein Stückchen Stoff? Schnippschnapp, schnippschnapp,
da schneid ich lauter Fetzen ab.

Die Haare sind zu lang? Schnippschnapp, schnippschnapp,
ich schneid sie einfach wieder ab.

Kräuter für den Quark? Schnippschnapp, schnippschnapp,
da schneid ich lauter Stückchen ab.

Wir Scheren ruhen gern mal aus,
in Schubladen sind wir zu Haus.

TIPP Was kann man denn noch alles mit Scheren schneiden? Haben die Kinder weitere Ideen, die Sie in Ihren Scherenreim integrieren können?

Der kleine Fritze

Ab 1 Jahr

Ein Mini-Fingerspiel für ganz wenig Zeit

Gerade sehr kurze und einfache Fingerspiele sind für Ihre Krippenkinder oft interessanter als lange Geschichten. Ein Beispiel für ein solches ganz „kleines" Fingerspiel ist das vom kleinen Fritze.

Hicke, hacke, Hitze,
das ist der kleine Fritze.
die Faust hochhalten und als Fritze den Daumen herausstrecken

Der Fritze guckt: Die Luft ist rein?
den Daumen im Gelenk kreisen lassen

Sonst flitzt er in sein Löchlein rein.
den Daumen wieder in der Faust verstecken

Dort wartet er und ruht sich aus,
und dann? Dann kommt er wieder raus.
den Daumen wieder hervorholen

VARIATION: DIE MAUS MARIE

Die Maus Marie kommt heut nicht raus
aus ihrem kleinen Mäusehaus.
die Faust hochhalten

Doch wenn ich ihr ein Körnchen bring,
dann schnuppert sie, das kleine Ding.
mit einem Finger der anderen Hand an der Faust klopfen

Streckt zuerst das Köpfchen raus,
dann kommt sie raus, die kleine Maus.
Juhu!
den Daumen als Maus Marie aus der Faust herausziehen und damit wackeln

Ab 18 Monaten

Apfelmus

Eine Mitmachgeschichte mit Stationen

Haben Sie mit den Kindern schon einmal Apfelmus gemacht? Diese Geschichte erzählt, wie das geht. Die Kinder können jede Station in der Mus-Herstellung mit den passenden Bewegungen begleiten.

Heute waren wir Äpfel pflücken,
manche lagen schon unten,
wir mussten uns bücken.
das Pflücken und dann das Bücken nachstellen:
Bücken und das Aufheben der Äpfel vom Boden nachstellen

Die Äpfel haben wir nach Hause getragen,
keuch, keuch, wie schwer,
wir mussten uns plagen!
das Tragen von Korb, Eimer oder Sack nachstellen

Dann haben wir die Äpfel geschält,
schäl, schäl – oje!
Vorsicht, nicht schneiden, das tut sehr weh!
das Schälen darstellen

Dann haben wir die Äpfel in Stücke geschnitten,
ganz vorsichtig jetzt –
und nicht zu fest.
das Schneiden mit den Zeigefingern darstellen

Die Apfelstücke kamen in einen Topf,
dann Wasser dazu und rühren, rühr, rühr!
Bis man das Apfelaroma spürt.
das Umrühren im Topf nachmachen

Hm, das riecht gut, was kommt noch dazu?
Zimt und Zitrone, das kommt noch rein,
rühren und rühren, hm, das wird fein!
Streu- und Rührbewegungen machen

Jetzt alles pürieren und stampfen, ganz fein!
Stampf und stampf,
die Äpfelchen klein!
die Arme heben und senken wie beim Püreestampfen, dazu mit den Füßen stampfen

Juhu, wir sind fertig,
das Apfelmus auch,
das wandert jetzt gleich …?
In unser'n Bauch!
jubeln, die Kinder den letzten Reim raten lassen und über den Bauch streichen

TIPP Malen Sie Bildkärtchen von allen Stationen: pflücken, tragen, schälen, schneiden, kochen, würzen, essen … So können die Kinder die Reihenfolge bald selbst lernen. Ein lustiges Spiel ist es für die älteren Krippenkinder, die Kärtchen in die richtige Reihenfolge zu legen.

Dazu passt noch ein Apfel-Fingervers:

Apfel, Apfel, ich hör was essen,
da wird doch an dir rumgefressen!
die Faust hochhalten, schütteln und ans Ohr halten

Klopf, klopf, klopf, wer ist denn da?
mit einem Finger der anderen Hand an den Apfel/die Faust klopfen

Ein Würmchen war es, ist ja klar!
den Daumen als Wurm aus der Faust ziehen

Ab 2 Jahren

Wo ist der Käfer?

Ein Präpositionen-Fingerspiel

MATERIAL 1 Tisch oder 1 Decke/Tuch * Spielzeugfigur Käfer

Ein Käfer, siehst du, der fliegt umher,
surrt dabei und brummt auch sehr.
dem Kind den Käfer zeigen

Er fliegt auf meinen Kopf herauf,
da sitzt er auf den Haaren drauf.
den Käfer auf den eigenen Kopf legen

Jetzt fliegt er runter auf deinen Zeh,
erschreck nur nicht, es tut nicht weh!
den Käfer auf den Zeh des Kindes setzen

Jetzt krabbelt er zwischen Arm und Brust,
dass es kitzelt und du vielleicht lachen musst.
den Käfer sanft zwischen Arm und Brust des Kindes schieben
und dort in der Achselhöhe kitzeln

Wo ist er denn jetzt? Jetzt ist er ja weg?
Dort unterm Tisch/Dort unter der Decke, in seinem Versteck!
den Käfer unter den Tisch oder unter eine Decke halten
oder unter ein anderes Versteck

TIPP Lassen Sie das Kind im Anschluss zeigen und/oder erzählen, wo der Käfer überall war. So wiederholen die Kinder ganz von selbst und spielerisch die Präpositionen und Adverbien (auf, unter, zwischen, ...).

Ein Spinnchen

Ein Kitzel-und-Such-Fingerspiel

Ab 1 Jahr

Für dieses Fingerspiel können Sie statt einer Spinne auch ein anderes Tierchen einsetzen, falls die Kinder sonst Angst haben (z. B. Käfer, Krebs, Ameise, Eichhörnchen ...). Es eignet sich, um ein Kind oder mehrere Kinder aufzuheitern und abzulenken. Am Ende können die Kinder das Spinnchen suchen.

Es war einmal ein Spinnchen, noch klein,
das fand Kitzeln so lustig und fein.
die eigene Hand als Spinnchen oder anderes Tier krabbeln lassen

Es kitzelte für sein Leben gern
alle Leute nah und fern.
das Kind vorsichtig kitzeln

Doch kam jemand plötzlich um die Eck',
dann lief es schnell in sein Versteck.
die Hand ganz plötzlich wegnehmen und hinter dem Rücken verstecken

IM ANSCHLUSS

Im Anschluss an das Fingerspiel werden die Kinder das Spinnchen vielleicht suchen und hinter ihrem Rücken nachschauen wollen. Dann können Sie die Hand hervorholen und das Kind noch etwas kitzeln oder das Spiel wiederholen. Das Kind möchte vielleicht auch Sie kitzeln und selbst die Rolle des Spinnchens übernehmen.

Ab 2 Jahren

Fünf kleine Igel

Ein stacheliges Fingerspiel

Ein klassisches Fingerspiel, bei dem die Kinder einen Finger nach dem anderen aus der Faust herausziehen, finden Sie hier: Fingerspiele dieser Art sind für Krippenkinder oft noch gar nicht einfach und darum eher für die älteren Kleinkinder geeignet.

Fünf kleine Igel mit Stacheln, ganz spitzen,
die wollten in einem Laubhaufen sitzen.
die Finger ausstrecken und einzeln berühren

Der erste Igel rollte sich ein,
auch der zweite wollte 'ne Kugel sein.
Der dritte war müde und rollte sich ein,
der vierte genauso, schlief ebenfalls ein.
einen Finger nach dem anderen einziehen,
bis nur noch der kleine Finger übrig ist

Der fünfte Igel, der lachte ganz laut,
da wachten die anderen wieder auf.
„Hihihi!" lachen und die anderen Finger
wieder aufklappen

TIPP Statt als Fingerspiel können die Kinder das Spiel auch mit kleinen Spielzeug-Igeln und Laub (selbst gesammelt von draußen) oder einer Decke nachspielen: Die Igel, die zu schlafen beginnen, kommen unter die Decke oder decken sich mit Laub zu. Am Schluss die Decke wegziehen oder das Laub wegpusten.

Fingerspiele

zum Streicheln, Berühren und Trösten

Alles wieder gut! In diesem Kapitel finden Sie Fingerspiele für Situationen, in denen Sie ein Kind trösten, beruhigen oder ablenken möchten. Auch besondere Erfahrungen von Nähe wie Streicheln oder Kitzeln lassen sich mit einbauen, falls gewünscht. Darum sind die Fingerspiele in diesem Kapitel auch (aber nicht nur) für die Eins-zu-eins-Situation geeignet.

Ab 1 Jahr

Ei, du kleiner Hase!

Ein Fingerspiellied zum Beruhigen und Trösten

Diesen kleinen Vers können Sie sprechen oder zur Melodie von „Suse, liebe Suse" auch singen. Wenn ein Kind eine Extraportion Zuwendung braucht, eignet er sich, um im Einzelkontakt aufzuheitern, abzulenken oder zu trösten. Aber auch in der Gruppe macht der kleine Reim Spaß.

Ei, du kleiner Hase,
du sitzt hier im Stroh,
die Hand mit zwei ausgestreckten Fingern
als Hase hochhalten

lässt deine Öhrchen hängen,
komm, sei wieder froh!
die Hasenhand mit der anderen Hand streicheln
oder kitzeln

Ich sing dir ein Lied
und drück dich ganz fest.
streicheln oder kitzeln

Schau, jetzt geht's dir wieder besser,
lauf schnell in dein Nest.
mit der Hasenhand davonlaufen

TIPP Die Kinder können das Spiel statt als Fingerspiel auch mit einer Hasen-Spielzeugfigur oder einem Kuscheltier nachspielen.

Schau, was fliegt denn da?

Ab 1 Jahr

Ein Mini-Fingerspiel für viele Gelegenheiten

Auch dieses kleine Fingerspiel ist ganz kurz und sehr leicht nachzumachen. Sie können es mit den Kindern im Sitzkreis gemeinsam durchführen. Toll ist es aber auch auf dem Wickeltisch, um das Kind abzulenken oder zum Lachen zu bringen.

IM SITZKREIS

Schau, was fliegt denn da vorbei?
in die Luft gucken oder in die Luft zeigen

Das ist ein Schmetterling, eijeijei!
in die Hände klatschen

Der flattert so schön im Sonnenschein,
Flatterbewegungen

möchte gern auf deinem Öhrchen sein.
alle fassen ihr Ohr an

Möchte gern auf deinem Beinchen sein,
der Schmetterling, so zart und klein.
alle berühren ihr Bein

Und dann? Dann ist er wieder weg,
zurückgeflogen in sein Versteck.
Flugbewegungen, dann in die Hände klatschen

AUF DEM WICKELTISCH

Schau, was fliegt denn da vorbei?
in die Luft gucken oder in die Luft zeigen

Das ist ein Schmetterling, eijeijei!
in die Hände klatschen

Der flattert so schön im Sonnenschein,
Flatterbewegungen mit einer Hand machen

möcht gern auf deinem Öhrchen sein.
das Kind am Ohr streicheln

Möcht gern auf deinem Beinchen sein,
der Schmetterling, so zart und klein.
das Kind am Bein streicheln

Und dann? Dann ist er wieder weg?
Zurückgeflogen ins Versteck.
die Hände hinter dem Rücken verstecken

TIPP

Hängen Sie doch über dem Wickeltisch passend dazu ein Mobile mit Schmetterlingen auf! Drucken Sie den Text aus und hängen Sie ihn laminiert über dem Wickeltisch auf, damit Sie ihn dort immer zur Hand haben.

Ab 1 Jahr

Komm, wir gehen wickeln!

Ein Fingerspiel, um zum Wickeln zu gehen

Darf ich dich wickeln? Wenn das schon mal feststeht, können Sie das Kind (oder vielleicht auch mehrere Kinder) dazu mit diesem Reim auffordern, mit Ihnen ins Wickelzimmer zu kommen. Für Ihre Krippenkinder ist es sehr wichtig, dass Sie das Wickeln ankündigen, damit sich die Kinder zurechtfinden, da sie nun eine neue Situation betreten.

Fünf Finger machen sich auf den Weg,
der erste zieht die Strümpfe an,
der zweite hat schon Stiefel an.
Der dritte hat 'nen Koffer mit,
haha, juhu, wir sind zu dritt!
nacheinander Daumen, Zeigefinger und
Mittelfinger aus der Faust aufklappen

Der vierte muss jetzt auch schon los
und gibt dem fünften einen Stoß.
Ring- und kleinen Finger dazunehmen

Prima, jetzt sind ja alle da:
mit den fünf Fingern wackeln

Wir gehen zum Wickeln, wunderbar!
in die Hände klatschen

TIPP Sinnvoll ist dieses Fingerspiel, wenn Sie es immer vor dem Wickeln mit dem Kind/den Kindern durchführen, sozusagen als kleines Ritual, um die Kinder auf die Wickelsituation einzustimmen.

Was hast du denn?

Ab 18 Monaten

Ein Fingerspiel zum Trösten und Aufheitern

In dieser Mini-Fingergeschichte wird ein Finger aufgeheitert. Die Tipps dazu sind vielleicht auch im echten Leben eine Idee, um wieder fröhlich zu sein.

Was hast du denn, du kleiner Wicht.
Geht's dir gut? Wohl eher nicht.
den Zeigefinger krumm/geknickt hochhalten

Da musst du dich nur wieder strecken
und ganz weit an die Decke recken.
den Zeigefinger wieder gerade halten

Dann musst du tanzen, kreuz und quer,
dich drehen, springen, gar nicht schwer.
mit dem Zeigefinger wackeln

Jetzt müssen nur noch Freunde her:
Da sind sie schon und freu'n sich sehr.
die anderen Finger dazunehmen und mit allen Fingern wackeln

TIPP Statt des Zeigefingers (falls noch zu schwer für die kleineren Kindern) kann auch der Daumen am Anfang allein hochgehalten – und „aufgeheitert" – werden.

Ab 18 Monaten

Das Fläumchen

Ein Streichelgedicht mit selbst gemachtem Flaum

Für dieses Gedicht benötigen Sie zum Streicheln ein Fläumchen. Dieses kleine Ding können Sie ganz schnell selbst herstellen – und dann kann es schon losgehen. Das Streichelgedicht tut Kindern gut, die etwas Extrazuwendung benötigen oder sich beruhigen müssen. Außerdem können die Kinder sich hier einmal ganz auf ihre Körperwahrnehmung konzentrieren.

MATERIAL 1 Stück weicher Stoff (ersatzweise weiche Märchenwolle oder 1 zarte Feder) ★ Nach Wunsch: Filzstifte (Textilmaler)

Für das Fläumchen reicht es, wenn Sie aus einem weichen Stoffrest einen kleinen Kreis ausschneiden. Ersatzweise nehmen Sie eine Feder ohne piksige Enden oder einen Bausch Märchenwolle. Ältere Krippenkinder mögen es vielleicht gern, wenn Sie mit Filzstiften ein Gesicht auf den Stoffrest malen. Die Kinder können das Fläumchen vor dem Fingerspiel kennenlernen und es betasten.

Schau mal dort, auf deinem Däumchen,
da landet es: das kleine Fläumchen.
das Fläumchen auf den Daumen des Kindes legen

Dann fliegt es weiter auf dein Bein,
doch dort schläft es ja beinahe ein.
das Fläumchen auf das Bein des Kindes legen

Da kommt ein Wind und weht es fort,
an einen schönen anderen Ort.
das Fläumchen wegnehmen

Auf deinem Arm, da liegt es jetzt,
streichelt dich ganz zart, nicht fest.
das Fläumchen auf den Arm des Kindes legen und dort das Kind damit streicheln

Wir pusten drauf, da fliegt's davon,
wo landet es? Du ahnst es schon?
das Kind darf sagen, wo das Fläumchen nun landen soll

Die fünf Riesen

Ab 2 Jahren

Ein Fingerspiel übers Klein- und Großsein

Groß sein: Das finden die meisten Kinder richtig toll. Sind auch in Ihrer Gruppe Kinder, die gern mehr und schneller wachsen würden und sich nicht wohlfühlen als die Kleinsten in der Gruppe? Dann hilft vielleicht dieses Fingerspiel, bei dem Klein und Groß eine ganz neue Dimension bekommen.

Fünf Riesen standen tief im Wald,
die fünf Finger einer Hand hochhalten

einer von ihnen, der sagte bald:
„Ich bin so traurig, denn ich bin so klein.
Immer der kleinste, das möcht' ich nicht sein."
den kleinen Finger hochhalten und damit wackeln

Der dickste der Riesen, der sagte: „Ach was!
Kleinsein, das macht doch bestimmt auch Spaß!"
den Daumen hochhalten

Der zweite, dem war das wirklich egal,
der dritte, der sagte: „Du hast keine Wahl!"
zuerst Zeige-, dann Mittelfinger hochhalten

Der vierte, der sang dem Kleinsten ein Lied:
den Ringfinger zeigen

Da sangen die Riesen alle mit:
„Jeder ist so, wie er nun einmal ist,
egal ob du groß oder winzig bist."
mit allen fünf Fingern wackeln

TIPP Für dieses Fingerspiel können Sie Ihre Fingerspitzen bemalen: Alle Finger bis auf den kleinen Finger bekommen lachende Gesichter, der kleine Finger bekommt ein trauriges Gesicht.

Ab
1
Jahr

Die Kuschelmaus

Ein Versteck-Fingerspiel zum Aufheitern

Durch einen kleinen Schlitz kann das Kind in diesem Vers in eine Schachtel blinzeln. Hier lebt die sehr scheue Kuschelmaus. Wenn es gelingt, sie mit den Gedichtchen herauszulocken, lässt sie sich vielleicht streicheln. Mit diesem Versteck-Fingerspiel können Sie ein Kind, das gerade nicht fröhlich ist oder Sorgen hat, sehr gut ablenken.

MATERIAL 1 kleine Schachtel ★ 1 Maus-Kuscheltier (passend für die Schachtel)

Sag mal, du siehst ja ganz traurig aus.
Ich glaube, ich hole die Kuschelmaus raus.
dem Kind die verschlossene Schachtel mit der Maus darin zeigen

Die ist nur sehr scheu und schüchtern dazu,
bleibt gern alleine und hat ihre Ruh'.
den Finger an die Lippen legen

Wir rufen mal leise: „Maus, komm heraus!"
Mal sehen, vielleicht locken wir sie heraus …
die Schachtel vorsichtig öffnen

Ein Schnäuzchen, ein Öhrchen! Ist das die Maus?
Komm, liebes Mäuschen, komm doch mal raus.
das Kind durch einen Spalt in die Schachtel gucken lassen

Ein Schwänzchen, die Nase, da ist ja die Maus,
jetzt kannst du sie streicheln, jetzt kommt sie heraus.
die Maus herausholen und das Kind mit der Maus kuscheln lassen

Uijuijui, wie laut ist das!

Ab 2 Jahren

Ein Fingerspiel zum Thema „Lärm“

Im Gruppenraum ist es superlaut? Zu Beginn dieses Fingerspiels geht es ebenfalls laut zu, aber nach und nach kommen in diesem Fingerreim die fünf Riesen, die hier ein Fest feiern, zur Ruhe – und mit ihnen die Kinder. Am Ende können Sie flüstern und den Finger auf die Lippen legen. Dann können Sie mit den Kindern in die Stille lauschen und erfühlen, wie gut das tut.

Fünf Riesen machen heute ein Fest,
sie stampfen und trinken und lachen jetzt.
die fünf Finger einer Hand zeigen und damit wackeln

Uijuijui, wie laut ist das!
Das ist ein echter Riesenspaß.
die Hand hin- und herdrehen

Der erste Riese wird müde und matt,
schafft es in seine Höhle knapp.
Der zweite legt sich gleich dazu,
dem fallen auch die Augen zu.
Der dritte schnarcht gleich: Gute Nacht!
Der vierte hat's Licht schon ausgemacht.
nacheinander die ersten vier Finger einklappen

Der fünfte Riese tanzt und singt,
uij, wie schrecklich das doch klingt.
Doch endlich geht auch er zur Ruh',
ach wie gut ist Stille und Ruh'!
den letzten Finger einklappen

Lauscht mal, wie schön ruhig und still,
wenn keiner mehr hier feiern will.
„Pst!“ machen und gemeinsam die Stille genießen

Ab 1 Jahr

Verschnauf mal, kleiner Vogel!

Ein Fingerspiel zum Erholen

Beinahe wäre das Vögelchen in diesem Fingerspiel von der Katze erwischt worden. Jetzt erholt es sich ganz hoch oben im Baum und lässt sich dort auf den Zweigen wiegen. Das können Sie mit den Kindern nachempfinden.

Zwitscher, zwitscher, ach herrje,
was für ein Schreck, o weh, o weh!
mit einer Hand als Vogel angeflogen kommen

Ein Vögelchen kommt angeflogen,
von einer Katze aufgestoben.
Es lässt sich in den Zweigen wiegen,
sitzt gerne zwischen Blättern, Trieben.
den anderen Arm aufstützen und die Finger an
der Hand als Baumkrone ausstrecken, die Hand bewegen

Dort hockt es nun, in Sicherheit,
die Katze ist jetzt weg – ganz weit!
wie oben

Da kommt ein Wind und pustet es weg:
Schnell sucht es sich ein neues Versteck.
auf die Hand pusten und mit der anderen Hand
als Vögelchen wieder wegfliegen

Dort kann es jetzt eine Pause machen,
sich erholen, schlummern – vielleicht etwas lachen.
flüstern, die Hand bleibt versteckt

TIPP Nehmen Sie das Kind auf den Schoß und wiegen Sie es, um es zu beruhigen – wie das Vögelchen oben im Baum. Die Vogelhand können Sie nach dem Spiel hinter dem Rücken verstecken. Das Kind kann sie wieder hervorholen und Sie können das Spiel noch einmal wiederholen.

Die kleine Schlange Flitz

Ab 1 Jahr

Ein Kitzel-und-Lach-Fingerspiel

Jetzt wird es lustig: Wer kitzelig ist, der hat mit diesem Fingerspiel viel Spaß. Vor allem in der Einzelsituation können Sie ein Kind so richtig zum Lachen bringen, wenn sie mit den Fingern als kleine Schlange Flitz überall hinflitzen und das Kind kitzeln. Ihr Einzelkontaktkind mag keine Schlangen? Dann ersetzen Sie sie durch eine Schnecke!

Die kleine Schlange mit Namen Flitz,
die kriecht so schnell – fast wie ein Blitz.
mit zwei Fingern vormachen, wie die Schlange über den Oberschenkel kriecht

Sie schlingelt sich unter deinen Arm,
dort findet sie's gemütlich warm.
das Kind unter dem Arm kitzeln

Sie schlängelt sich auf deinen Bauch,
das gefällt ihr nämlich auch.
das Kind am Bauch kitzeln

Manchmal kriecht sie den Arm hinauf,
ringelt sich auf die Schulter rauf.
das Kind den Arm hinauf kitzeln

Von dort zum Hals und wieder zurück,
ach, wie das kitzelt! Was für ein Glück!
das Kind am Hals kitzeln

TIPP Sie können das Kitzelspiel auch mit einer weichen Kuscheltierschlange oder -schnecke durchführen.

Ab 2 Jahren

Wer ist die Beste?

Ein Handflächenspiel für die taktile Wahrnehmung

Auf der Handfläche sind wir besonders empfindlich oder kitzelig, denn hier nehmen wir Berührungen sehr stark wahr. Davon lebt dieses kleine Kitzel-Handspiel, bei dem verschiedene Tierchen zu Besuch kommen.

MATERIAL Nach Wunsch: Schoko- oder Marzipankäfer oder als Marienkäfer bemalte Steine

„Ich bin die Beste!", sagt die Schnecke zufrieden,
„drum darf ich hier ganz alleine liegen."
mit dem Zeigefinger über die Handfläche
des Kindes fahren

„Ich bin viel schöner und zart noch dazu!",
beschwert sich die Raupe und kriecht noch hinzu.
mit zwei Fingern über die Handfläche kriechen

„Ich bin viel bunter, ich hübsches Ding!"
Schon landet – du weißt' schon – ein Schmetterling.
ganz zart auf die Handfläche pusten

„Weg da, ich bin die stärkste von allen!",
sagt eine Spinne mit Haaren und Krallen.
mit der anderen Hand als Spinne über die Handfläche krabbeln

Da kommt ein Wind und pustet und weht,
kein kleines Tierchen, das jetzt hier noch steht.
kräftig auf die Handfläche pusten – hier kann das Kind mitmachen

Da kommt ein kleiner Käfer und lacht:
„Jetzt haben ja alle Platz gemacht!"
dem Kind den Käfer in die Hand legen

Fingerspiele, Handgestenspiele und Bewegungsspiele für alle Jahreszeiten

Wetter, Hitze, Kälte, Regen oder Sturm, neue Blumen auf der Wiese oder Weihnachtsdekorationen: Die (Finger-)Spiele in diesem Kapitel greifen auf, was zu einer bestimmten Zeit im Jahr gerade an Eindrücken auf die Kinder zukommt. Jahreszeiten und ihre Feste sind für die Kinder die erste Möglichkeit, Zeit und Zeiten zu erfahren und zu gliedern. Da helfen kleine Reime wie diese, um sich im Hier und Jetzt zu verankern.

Ab 1 Jahr

Wie eine Blume wächst

Ein Fingerspiel für die Frühblüher

Diese Fingergeschichte erzählt, wie aus einer Blumenzwiebel eine Blume entsteht. Sie können es nutzen, wenn die Kinder die ersten Krokusse, Schneeglöckchen, Tulpen oder andere Frühblüher mit Zwiebel entdecken. Toll, wenn Sie den Kindern dazu eine Blumenzwiebel zeigen können!

MATERIAL Blumenzwiebel zum Zeigen ★ Frühblüher zum Zeigen (z. B. Krokus, Schneeglöckchen, Tulpe – Achtung: Alle Frühblüher sind leicht giftig bis giftig!)

Eine Zwiebel mit Wurzeln,
so winzig und fein,
die lege ich heut in die Erde hinein.
eine Zwiebel in die Luft malen

Die Zwiebel, die schläft dort
und schlummert in Ruh,
ich deck sie mit Erde gemütlich zu.
das Zudecken mit Erde nachstellen

Ein Hälmchen!
Das guckt aus der Erde heraus,
grün und klein: So sieht es aus.
die Fingerspitzen einer Hand durch die andere Hand gucken lassen

Doch bald wird es größer,
bekommt Blättchen und wächst,
wird stärker und schau nur:
Es ist schon ganz fest.
die Fingerspitzen weiter durch die Hand nach oben schieben, dann den Arm nachziehen

Am Stängel ganz oben:
Was ist denn da dran?
Da hängt eine Knospe mit Blüte dran.
den Arm auf dem Oberschenkel oder Tisch aufstellen,
mit der Hand als Knospe nicken

Über Nacht passiert es:
Die Knospe geht auf.
Und was schaut heraus?
die Hand öffnen

Eine Blüte ist das,
so bunt und so schön,
gut riecht sie auch, ist toll anzuseh'n!
mit den Fingern wackeln

TIPP Schauen Sie gemeinsam die Blumenzwiebel an: Im Gegensatz zu unseren Küchenzwiebeln kann man Blumenzwiebeln nicht essen, denn sie sind giftig. Sie enthalten die Giftstoffe, die es den Frühblühern ermöglichen, Eis und Schnee um sich herum zu schmelzen und sich durch die noch harte Wintererde nach oben zu schieben. Die Zwiebel ist dabei nicht die Wurzel, sondern die kleinen Härchen unten an der Zwiebel!

Ab 1 Jahr

Vier kleine Hasen

Ein Oster-Fingertheater

Dieses Fingerspiel können Sie als Fingertheater den Kindern an einer Tischkante oder hinter einem Karton vorspielen. Bemalen Sie Ihre Fingerkuppen mit Hasengesichtern und schon kann es losgehen.

Vier kleine Hasen,
die sitzen im Gras.
Die Ohren gespitzt,
die Pfötchen ganz nass.
vier Finger erscheinen als Hasen über der Tischkante

Ein kleiner Hase hat Eier dabei,
der zweite, der bringt ein Nestchen herbei,
den Zeigefinger zeigen, dann als zweiten Finger den Mittelfinger

der dritte bringt Möhren aus Schokolade,
der vierte noch Kuchen mit Marmelade.
Ring- und kleinen Finger dazunehmen

Da kommt noch ein fünfter Hase gehüpft,
der ist aus dem Busch auf der Wiese geschlüpft.
Der isst ganz schnell das Nestchen leer,
hm, war das lecker, gern hätt' er noch mehr!
den Daumen dazunehmen und damit wackeln

Die Amseln nehmen ein Bad

Ab 2 Jahren

Ein Frühlingsfingerspiel

Jetzt im Frühling und auch noch später im Sommer können die Kinder mit etwas Glück, und falls Sie im Krippengarten eine Vogeltränke haben, Singvögel beim Baden beobachten. Mit einer Vogeltränke tun Sie nicht nur den Vögeln Gutes, sondern die Kinder bekommen die Tiere dadurch auch öfter zu Gesicht. Das fängt dieses Fingerspiel ein.

Die Luft ist rein, keine Katze zu sehen?
Juhu, dann können wir baden gehen!
mit der Hand angeflogen kommen

Die erste Amsel freut sich sehr,
hüpft zur Tränke, ganz dick und schwer.
Die zweite kommt mit Platsch und Watsch,
sie badet gern in Schlamm und Matsch.
Die dritte trinkt ein Schnäbelchen klein,
das Wasser schmeckt ihr wirklich fein.
Die vierte wäscht sich und singt dazu,
die fünfte kommt jetzt auch, juhu!
nacheinander die fünf Finger zeigen

Doch dann kommt die Katze herbeigeflitzt.
Die Amseln? Fliegen weg, schnell wie der Blitz.
mit der Hand davonflattern und dann die Hand hinter dem Rücken verstecken

TIPP Den Reim von den Amseln können Sie auch sehr gut als Mitmachgedicht ausprobieren, denn die Bewegungen dazu (fliegen, baden, trinken, waschen) können die Kinder gut selbst überlegen und einbauen.

Ab 2 Jahren

Der Schmetterling ruht aus

Ein Sommerfingerspiel für beide Hände

Tagpfauenaugen haben einen Trick: Wenn ein Fressfeind naht, beispielsweise ein Vogel, klappen sie schnell ihre Flügel zusammen und sehen dann aus wie ein Blättchen. Schlüpfen Sie mit den Kindern in die Rolle der Schmetterlinge!

Ein Schmetterling ruht in der Sonne aus,
breitet gemütlich die Flügel aus.
als Schmetterling mit beiden Händen angeflogen kommen
und die Hände zur Seite hin ausklappen

Ach, ist das schön, in der Sonne zu liegen
und sich auf den Blüten im Wind zu wiegen.
die Hände als Schmetterling hin- und herwiegen

Kommt da ein Vogel? Dann machen wir „klapp",
klappen die Flügel, sehen aus wie ein Blatt.
die Hände zusammenschlagen

Der Vogel fliegt weiter, auf Wiedersehen,
die Flügel gehen auf: Ach, ist das schön!
winken, dann wieder als Schmetterling
die Hände aneinanderlegen

Die Löwenzähnchen

Ab 1 Jahr

Ein Sommerfingerspiel von der Blumenwiese

Wie kommt denn eigentlich der Löwenzahn auf die Wiese? Dafür sorgt der Wind, der wie in diesem Fingerspiel die kleinen Pusteblumenschirmchen davonweht.

Fünf kleine Löwenzähnchen,
die schaukeln im Wind,
hin und her,
langsam,
geschwind.
die Hand mit den fünf Fingern zeigen und die Finger bewegen
oder die ganze Hand hin- und herwiegen

Die Blüten sind gelb,
doch manche auch weiß,
Pusteblumen,
mit Schirmchen ganz weich.
die Hand zeigen, mit den Fingern wackeln

Und was passiert, wenn ein Windchen weht,
wo eine Pusteblume steht?
Hui macht es!
Der Wind bläst sehr,
die Schirmchen fliegen darin umher.
mit der Hand durch die Luft fliegen

Sie lassen sich nieder,
im Gras,
auf der Erde,
bis später wieder Löwenzähnchen daraus werden.
die Hand verstecken, dann wieder hervorholen

TIPP Spielen Sie das Spiel doch auch mit einer echten Pusteblume. Das Kind kann den Wind spielen und die Schirmchen wegpusten.

Ab
1
Jahr

Fünf Pfläumchen

Ein Fingerspiel für die Erntezeit

In diesem Fingerspiel picken Vögel und ein Eichhörnchen die Pflaumen weg, bevor man sie ernten kann. Hier können Kinder auch die Elster kennenlernen, die sich tatsächlich gerne Pflaumen und Kirschen schnappt. Schauen Sie doch mal, ob sich der schwarz-weiße Vogel auch bei Ihnen zeigt.

Schau nur, fünf leckere blaue Pfläumchen
hängen dort oben in meinem Bäumchen.
die Hand mit den fünf Fingern zeigen

Die erste pickt eine Amsel weg,
die zweite nimmt ein Eichhörnchen mit ins Versteck.
Die dritte schnappt sich die Elster im Flug,
die vierte dann auch noch, ja, Elstern sind klug.
Die fünfte, die pflück ich und esse sie auf,
jetzt hängt nichts auf dem Bäumchen mehr drauf.
nacheinander die fünf Finger einklappen,
bis nur noch die Faust zu sehen ist

TIPP Toll, wenn die Kinder echte Pflaumen oder Zwetschgen kosten können (Babys ungefähr ab dem siebten Monat).

Ein Sturm braust durch den Wald

Ab 1 Jahr

Ein Herbstfingerspiel zum Pusten

Im Herbst fegt der Wind oder Sturm die Blätter von den Bäumen. Das stellen die Kinder mit diesem Fingerspiel nach.

Ein Sturm braust heute durch den Wald,
wirbelt durch Bäume, eisig kalt.
den Unterarm als Baum aufstellen, die Finger als Äste bewegen, über die Finger pusten

Er knickt Äste und Zweige, knick und knack,
mit Blättern ganz bunt von den Bäumen ab.
mit den Fingern wackeln

Die Blätter wirbelt er wild umher,
hierhin und dorthin und hin und her.
wie oben

Der Sturm legt sich bald, doch die Bäume sind kahl!
Weg sind die Blätter, der Winter kommt bald.
die Finger einklappen, sodass nur noch die Faust zu sehen ist

TIPP Wenn Sie mit den Kindern draußen Herbstlaub gesammelt haben, können Sie die bunten Blätter auch in Ihr Spiel integrieren: Dann stellen sich die Kinder am Baum zu Beginn mit den Blättern in den Händen auf, werfen die Blätter dann in die Luft und können am Ende des Reims noch auf dem Boden in den Blättern wühlen.

Ab 2 Jahren

Ein Gespenst saust vorbei

Ein Halloween-Fingerspaß mit selbst gemachtem Gespenst

Oft sind schon die Krippenkinder sehr interessiert am Halloweentreiben. Diesen Gespensterreim können Sie mit einem Taschentuch-Gespenst nachspielen.

MATERIAL Pro Kind ein Papiertaschentuch (ersatzweise quadratischer Stoffrest) * Watte- oder Styroporkugel * Schnur * Wackelaugen und Klebstoff oder schwarzen Filzstift

Legen Sie die Kugel ins aufgefaltete Taschentuch und binden Sie das Tuch um die Kugeln herum mit der Schnur fest, sodass die Zipfel herabhängen. Die Kinder können ihrem Gespenst noch Augen aufmalen. Ältere Kinder können auch Wackelaugen aufkleben. Mit den Gespenstern können die Kinder nun den Reim mit- oder nachspielen oder sich eigene Geschichten dazu ausdenken.

Schwuppdiwupp, was fliegt denn da?
Ein Gespenst ist das, na klar.
das Gespenst zeigen

Zuerst fliegt es langsam und singt dabei,
huijuijuiii und dumdidei.
das Gespenst langsam fliegen lassen

Dann fliegt es schnell und zischt dazu,
saus und braus und dumdidu.
das Gespenst schnell fliegen lassen

Am Morgen legt es sich endlich zur Ruh
und macht die Geisteraugen zu.
Pssst, leise!
flüstern, das Gespenst zum Schlafen hinlegen

Wann gehen die Lichter an?

Ab 1 Jahr

Ein Handspiel für die Laternen- und Lichterzeit

Wenn die Martins- oder Laternenzeit herannaht, dann macht dieses ganz einfache Gedichtchen Spaß, das schon Ihre Jüngsten begleiten können. Für die älteren Krippenkinder gibt es unten einen Extratipp.

Wann gehen denn endlich die Lichter an,
die sind doch an den Laternen dran?
gar nichts machen

Jetzt stellen die Kinder die Lichtchen an,
alle sehen es und freuen sich dran.
das „Jetzt" betonen, die Kinder halten ihre Hände hoch und öffnen und schließen sie

Das blinkt und funkelt in der Nacht,
schön ist das, wer hätt's gedacht.
weiter die Hände öffnen und schließen, um das Funkeln darzustellen

Und weil die Kinder im Dunkeln laufen,
können sie die Lichtchen auch wirklich gebrauchen.
die Hände öffnen und schließen

Doch nach dem Fest gehen sie wieder nach Haus'
Und alle Lichtchen? Die gehen ... aus!
die Hände hinter den Rücken nehmen und die Kinder das Wort „aus" raten oder laut rufen lassen

TIPP Die älteren Krippenkinder können das Gedicht mit LEDs oder den eigenen Laternen begleiten und sie passend zum Text anschalten, herumtragen und wieder ausschalten.

Ab 1 Jahr

Oje, der Nikolaus rutscht aus!

Ein Nikolaus-Klopfgedicht im Sitzen

Dieses Mitmach-Klopfgedicht können die Kinder im Sitzen auf dem Boden machen oder auch am Tisch sitzend, indem sie dann auf die Tischplatte trommeln und klopfen.

Ach, da kommt der Nikolaus,
oje, er rutscht auf der Treppe aus!
mit den Handflächen auf den Boden schlagen

Da kullern die Nüsse auf dem Boden herum,
Rollbewegungen mit den Armen machen: die Unterarme umeinanderrollen

dann kommen Orangen und rollen rundum.
wie oben

Da fällt eine Mandel, klackerdiklack,
schwuppdiwupp aus dem Nikolaussack.
mit den Knöcheln auf den Boden klopfen

Und noch etwas kommt aus dem Säckchen geplumpst,
das sind ja die Äpfel, hört, wie das rumst!
mit den Fäusten auf den Boden trommeln

Da kommen die Wichtel und sammeln ein,
legen alles zurück in das Säckchen hinein.
Laufbewegungen mit zwei Fingern auf dem Boden, danach die Hände abklopfen wie nach getaner Arbeit

Ach du liebe Zeit!

Ein Gedicht für beide Hände im Winter

Ab 1 Jahr

Schneeflocken rieseln, tanzen oder schweben. Diese verschiedenen Bewegungen empfinden die Kinder mit diesem Reim und beiden Händen nach.

Ach herrje, du liebe Zeit,
schaut nur, heute hat's geschneit!
mit den Fingern das Schneien darstellen: die Hände mit wackelnden Fingern von oben nach unten bewegen

Zuerst kamen ganz kleine Flocken herab,
die tanzten im Wind, zappeldizapp.
mit den Händen in der Luft zappeln und hell und lebhaft sprechen

Dann kamen die großen Flocken hinterher,
die waren ganz langsam und richtig schwer.
die Hände ganz langsam von oben nach unten führen und ganz tief und langsam sprechen

Ach herrje, du liebe Zeit,
heut beginnt die Winterzeit!
in die Hände klatschen

Ab 2 Jahren

Wie die Raketen machen

Ein Finger- und Bewegungs-spiel mit Lautmalerei

Sind Ihre Kinder an Silvester auch fasziniert gewesen vom Lärm und Funkeln der Raketen? Erleben Sie das Feuerwerk mit ihnen nach, indem sie Raketen darstellen und die passenden Geräusche dazu machen.

Pschiiii, da kommt eine Rakete an,
malt Feuer an den Himmel dran.
mit einem Zeigefinger ganz schnell von unten nach oben zeigen,
dabei aufspringen und sich ganz hoch recken

Zurrr, die zweite kommt schon nach,
zischt schon hoch über das Dach.
genau wie oben

Wischschsch, die dritte saust hinauf,
senkrecht in den Himmel rauf.
wie oben

Ssssss, die vierte malt ein Rad, ganz gelb,
erleuchtet kurz die dunkle Welt.
die Arme ganz weit ausbreiten und einen
Kreis in die Luft malen

Die fünfte macht nur Pft und Pfumm,
die zündet nicht, das ist ja dumm.
mit den Achseln/Schultern zucken,
sonst nichts machen

Fingerspiele

und Fingerspiel-Lieder

für „kleine“ Übergänge

Sogenannte Mikrotransitionen (die kleinen Übergänge innerhalb des Krippenalltags) spielen für Ihre Kinder eine große Rolle: Um sie besser zu bestehen, bieten sich gerade kurze Lieder an, die signalisieren, dass es jetzt nach draußen geht, es Mittagessen gibt oder das Mittagsschläfchen ansteht. Auf den folgenden Seiten finden Sie eine Auswahl an kurzen Liedchen mit bekannten Melodien, die Sie je nach Situation auch selbst erweitern und abändern können.

Ab 1 Jahr

Alle meine Finger

Ein Fingerspiel-Lied zur Begrüßung

Im Morgenkreis können sich die Kinder mit diesem Fingerspiel gegenseitig begrüßen und wahrnehmen. Sie können es einfach zur Melodie von „Alle meine Entchen" singen.

Alle meine Finger
winken euch: „Hallo!",
winken euch: „Juhu!"
Schön, dass ihr heut' da seid,
mit Strümpf' und Hos' und Schuh'!

Die Strophe singen Sie zur Begrüßung allein vor, in der letzten Zeile zeigen Sie passend zum Text Ihre Strümpfe, Hose und Schuhe. Anschließend beginnen Sie beim Kind, das direkt neben Ihnen sitzt, und sprechen: „Ich begrüße die/den ..." und ergänzen den Namen des Kindes. Alle zusammen singen dann die nächste Strophe für dieses Kind und winken ihm dabei zu.

Alle uns're Finger
winken dir: „Hallo!",
winken dir: „Juhu!"
Schön, dass du heut da bist,
mit Strümpf' und Hos' und Schuh'!

Fünf kleine Wichtel

Ein Fingerspiel übers Rausgehen

Ab 2 Jahren

Sich selbstständig anziehen, alle Sachen finden, selbst Schuhe anziehen: Die Wichtel in diesem Fingerspiel müssen das auch erst lernen.

Fünf Wichtel stehen im Treppenhaus,
die wollen heut gern zum Wandern hinaus.
die Hand mit den fünf Fingern hochhalten

Der erste hat seine Tasche vergessen,
der zweite hat den Proviant aufgegessen.
den Daumen hochhalten, dann den Zeigefinger

Der dritte bekommt die Schuhe nicht an,
der vierte kommt nicht an die Jacke ran.
Mittelfinger, dann Ringfinger hochhalten

Der fünfte, der rennt schon zur Türe hinaus,
halt, kleiner Wichtel! Bleib noch im Haus!
kleinen Finger zeigen

Dann sind die Wichtel endlich so weit,
sie rennen hinaus mit Juhu und Geschrei.
die Hand mit allen fünf Fingern hochhalten und mit den Fingern wackeln

Ab 1 Jahr

Jetzt geh'n alle schlafen

Ein Mitmachlied vor dem Mittagsschläfchen

Wie läuten Sie denn in Ihrer Gruppe den Mittagsschlaf ein? Mit diesem kleinen Lied lassen sich die Kinder bestimmt gern zum Schläfchen verführen. Sie können es einfach zur Melodie von „Laterne, Laterne, Sonne, Mond und Sterne" oder von „Backe, backe, Kuchen" singen.

MATERIAL Nach Wunsch: die Kuscheltiere der Kinder

Jetzt geh'n alle schlafen,
von Löwen bis zu Schafen.
Es tappst der Tiger, tapptapptapp,
schon kommt die Ente, schlappschlappschlapp.
Hunde geh'n mit,
Bären geh'n mit,
bald sind alle wieder fit.

Singen Sie einfach das Lied und machen Sie die Tiere dabei nach. Im Gehen können Sie schon Richtung Ruheraum laufen. Die Kinder können dabei auch die Tiere einbauen, die ihre Kuscheltiere darstellen, sofern sie im Lied nicht schon vorkommen.

VARIATION

Auch als Klopf- und Fingerspiel können Sie das Lied gestalten: Die ersten beiden Zeilen begleiten die Kinder, indem sie eine Schlafbewegung machen, beispielsweise den Kopf auf die gefalteten Hände legen. Bei „tapptapptapp" schlagen die Kinder mit der Faust auf den Tisch oder Boden, bei „schlappschlappschlapp" klatschen sie mit der Hand auf Tisch oder Boden. Bei Hunde und Bären: mit zwei Fingern Gehbewegungen machen. Bei „fit" in die Hände klatschen.

Brumm, brumm, brumm!

Ab 2 Jahren

Ein Rasenmäher-Fingerspiellied

Im Sommer ist ein allgegenwärtiges Geräusch das des Rasenmähers. Kein Wunder, dass viele Krippenkinder gern mit Spielzeugrasenmähern nachmachen, was sie zu Hause oder im Kita- bzw. Krippengarten sehen. Dieses Lied greift diese Draußen-Eindrücke auf. Sie können es beispielsweise zur Melodie von „Eins, zwei, drei im Sauseschritt" singen, aber auch zu einer selbst erfundenen Melodie.

Brumm, brumm, brumm und rattatta,
schon sind Rasenmäher da.
Der erste kommt schon angefahr'n und mäht die Wiese kurz.
vormachen, wie man mit einem Rasenmäher fährt und dazu das Geräusch machen oder mit einer Hand als Rasenmäher über den Oberschenkel oder die Tischplatte fahren

Brumm, brumm, brumm und rattatta,
schon sind Rasenmäher da.
Der zweite kommt jetzt mit dazu, es hört sich an wie'n ... Furz.
wie oben, mit einer zweiten Hand die gleiche Bewegung machen – Lachen erlaubt!

Mähen, mähen, brumm, brumm, brumm,
mähen, mähen, rundherum.
wie oben oder mit beiden Händen im Kreis auf dem Tisch oder Oberschenkel reiben

Ab 1 Jahr

Komm, kleine Maus!

Ein Fingerspiel vor dem Essen

Gelingt es den Kindern, das Mäuschen zum Essen aus seinem Häuschen zu locken? Mit diesem Fingerspiel können sich die Kinder die Zeit vor dem Mittagessen vertreiben.

He, kleines Mäuschen,
komm doch heraus!
Draußen gibt's Körnchen und Gräser zum Schmaus.
den Daumen in der geballten Faust verstecken

Ich guck mal rein,
kein Mäuschen klein?
die Faust ans Auge halten und „hineingucken"

Da kommt sie raus,
die kleine Maus.
den Daumen herausziehen

Juhu, jetzt gibt's Essen und Trinken dazu,
komm, kleine Maus, das magst doch auch du.
mit dem Daumen wackeln

TIPP Auch als Lied mit begleitendem Fingerspiel funktioniert der Maus-Trick: Singen Sie einfach zur Melodie von „Bruder Jakob" mit leicht verändertem Text. Die Kinder können dazu wieder zu Beginn den Daumen in der Faust verstecken und zum Schluss herausholen.

Kleines Mäuschen,
in dem Häuschen,
kommt doch raus,
komm zum Schmaus.
Komm doch aus dem Häuschen,
liebes kleines Mäuschen,
wunderbar,
du bist da!

Schlafen wie die Blümelein

Ab 1 Jahr

Ein Schlaflied als Handspiel

Dieses Handspiel können die Kinder ganz leicht vor dem Schlafen(gehen) machen, denn sie müssen mit ihren Bewegungen einfach nur dem Text folgen. Sogar im Bett und während das Liedchen gesungen wird, können die Bewegungen noch leicht durchgeführt werden. Das Lied und den Text finden Sie auch (vorgesungen) mit mehreren Strophen im Internet. Es ist ein sehr altes Schlaflied aus dem 19. Jahrhundert.

Die Blümelein, sie schlafen
schon längst im Mondenschein.
die Hand hochhalten und leicht hin- und herdrehen

Sie nicken mit den Köpfchen
auf ihren Stängelein.
die Hand abknicken und herunterhängen lassen

Es rüttelt sich der Blütenbaum,
er säuselt wie im Traum:
die andere Hand leicht schütteln

Schlafe, schlafe,
schlaf du, mein Kindelein!
beide Hände als Schlafbewegung
neben das Gesicht legen

Ab 1 Jahr

Wer ist denn schon alles wach?

Ein Aufwach-Fingerspiel

Am frühen Morgen, wenn die Kinder noch müde in die Krippe gebracht werden, oder nach dem Mittagsschlaf: Dieses Fingerspiel erlaubt den Kindern, gemütlich vom Schlaf ins Wachsein zu wechseln.

„Hallo, wer ist hier schon wach?
Ich klopfe einfach mal aufs Dach!"
flüstern, dann mit dem Zeigefinger der einen Hand
auf die geschlossene Faust der anderen Hand klopfen

Der erste kommt heraus und gähnt,
der zweite streckt sich noch und dehnt.
Der dritte Finger ist schon fit,
der vierte kommt jetzt auch gleich mit.
nacheinander die genannten vier Finger aufklappen,
den kleinen Finger aussparen

Der fünfte Finger schläft noch fest,
lock ihn mit Streicheln aus dem Nest!
das Kind die Stelle streicheln lassen

Da ist er ja, wie wunderbar!
den kleinen Finger auch hervorholen

Fünf Wichtel mit ganz tollen Hüten

Ab 1 Jahr

Ein Himbeer-Fingerspiel

Himbeeren können Sie prima als essbare Fingerpuppen verwenden. Dazu sollten natürlich alle die Hände waschen. Dann können die Kinder die Himbeeren auf ihre Fingerkuppen setzen und – falls gewünscht – die Finger unter den Beeren mit (ungiftigen!) Filzstiften mit Gesichtern bemalen.

MATERIAL Pro Kind 5 Himbeeren

Fünf kleine Wichtel mit ganz tollen Hüten,
die sind heute vor die Türe getreten.
die Hand mit den Himbeerhüten zeigen

„Ach, wären wir nur diese Hütchen los!
Das wär doch prima, das wär famos!"
mit den Fingern wackeln

Das wünschen sich die Wichtel und hoffen sehr,
doch wer mag sie essen, bitte sehr?
das Kind die Hütchen abnehmen und aufessen lassen

TIPP Statt mit Himbeeren funktioniert dieses Spiel auch mit entsteinten Oliven, sofern sie den Kindern schon schmecken.

Ab 1 Jahr

Guck mal nach!

Ein Eichhörnchen-Fingerspiel mit Leckerei

Im Winter versuchen die Eichhörnchen Eicheln und Nüsse zu finden, die sie im Herbst in der Erde vergraben oder in Verstecken deponiert haben. Meistens finden sie ihre Verstecke wieder und können sich den leckeren Inhalt schmecken lassen. Genauso machen es hier die Kinder. Dieses Fingerspiel können Sie einsetzen, wenn Sie einen Obstsnack einplanen.

MATERIAL Für jedes Kind eine kernlose Traube, eine Blaubeere oder eine kleine Erdbeere

Legen Sie eine Frucht in Ihre Hand und schließen Sie die Finger darum. Dann führen Sie den Kindern vor, wie Sie Ihre Finger aufklappen und die Beere aufessen. Möchten die Kinder das nachmachen? Geben Sie jedem Kind eine Frucht in die Hand. Dann kann es schon losgehen.

Wenn Eichhörnchen graben,
dann schaut gut hin,
sie suchen sich Eicheln
in der Erde drin.
die Hand mit der Frucht darin schließen und hochhalten

Sie graben und schaufeln die Erde weg,
dann finden sie endlich das Versteck.
Hm, wie lecker, da ist sie ja,
wir lassen's uns schmecken, ist doch klar!
die Hand öffnen und die Frucht verspeisen

TIPP Auch als Lied, hier zur Melodie von „Dornröschen war ein schönes Kind" funktioniert der kleine Snackvers:

Wo ist denn nur mein Futter hin, Futter hin, Futter hin?
Vielleicht liegt es ja noch hier drin, noch hier drin.
Au prima, ja, da ist es ja, ist es ja, ist es ja,
ich ess es gleich, hurra, hurra, ich ess es gleich.

Zwei Finger spielten mit einem Ball

Ab 2 Jahren

Ein Spiel für die beiden Zeigefinger

Ein bisschen feinmotorische Geschicklichkeit und genaues Zuhören sind für dieses Zeigefingerspiel wichtig, das mit zwei Fingern das Ballspielen nachstellt. Setzen Sie es vor dem Rausgehen oder dem Freispiel ein, um dahin überzuleiten. Die Kinder brauchen hierfür nur ihre Zeigefinger.

Zwei Finger, die spielen mit einem Ball,
der war kugelrund, ganz dick und prall.
mit den Zeigefingern einen runden Ball in die Luft zeichnen

Sie spielten nach vorne …
die beiden Zeigefinger umeinanderrollen – wie beim Däumchendrehen, nur mit den Zeigefingern, hier nach vorne, vom Körper weg

… und wieder zurück,
die Bewegung in die andere Richtung ausführen

dann freuten sie sich,
was für ein Glück!
in die Hände klatschen

Ab 1 Jahr

Alle hungrig?

Ein Tischplatten-Klopfvers vor den Mahlzeiten

Bei diesem Klopfgedicht können die Kinder mal so richtig auf den Tisch hauen – durchaus ernst gemeint, denn mit Fäusten, Händen und Fingern wird hier auf dem Tisch getrommelt.

Schau nur, zwei Elefanten stampfen,
die wollen jetzt mal was zu mampfen.
mit den Fäusten auf dem Tisch „stampfen"

Ein Spinnchen huscht noch hinterher,
auch das hat Hunger, bitte sehr.
mit einer Hand schnell über den Tisch krabbeln

Ameisen kommen mit zarten Schritten,
man kann sie hören: trappeln und trippeln.
mit beiden Händen über den Tisch krabbeln

Alle hungrig? Ihr Kinder auch?
Dann gibt es jetzt was für euren Bauch!
den Bauch reiben

Kleine Fingertheater

Vier Fingertheater-Ideen warten ganz zum Schluss in diesem Kapitel auf Sie: Diese Reime erzählen kleine Geschichten, die Sie mit Fingerpuppen oder angemalten Fingerspitzen vorspielen können. Sie brauchen dafür kein weiteres Material, sodass sich die Theaterstückchen auch in der Kuschelecke erzählen lassen – oder im Anschluss von den Kindern nach- und anders neu erzählt werden können.

Ab 2 Jahren

Als sich die kleine Raupe schlafen legte

Ein Fingertheater für Frühling und Sommer

Dieses Fingertheater erzählt, wie aus einem Ei zuerst eine Raupe, dann eine Puppe und später ein Schmetterling wird. Je nachdem, wie viel Aufwand Sie sich machen möchten, können Sie Zeigefinger und Daumen grün anmalen und einige Requisiten dazunehmen.

MATERIAL Grüne Schminke für Zeigefinger und Daumen ★ 1 Blatt (aus grünem Tonpapier, etwa handgroß) ★ 1 kleines Taschentuch oder Kissen (zum Beispiel aus dem Puppenbett)

Aus einem Ei,
da kommt was heraus:
Eine kleine Raupe!
Die schlüpft heute aus.
die geschlossene Faust als Ei hinlegen,
mit der anderen Hand mit Zeigefinger und Daumen
als Raupe über den Tisch/die Bühne kriechen

Sie kriecht durch die Welt
mit Hunger im Bauch,
ach, da sind Blättchen
an einem Strauch!
das Blatt dazulegen, die „Raupe" über das Blatt kriechen lassen

Die Raupe frisst,
wird dick und fett,
dann macht sie sich ...
... ein Raupenbett.
eine kleine Pause nach „sich" machen, um die Spannung zu erhören,
dann das kleine Kissen dazunehmen und die Raupe drauflegen

Sie kuschelt sich ein,
schnarcht schon dazu,
schlummert
und hält ihre Raupenruh'.
schnarchen, Kissen oder Taschentuch über die Raupe breiten

Die Sonne geht unter,
die Sonne geht auf.
Die Raupe?
Die liegt auf dem Raupenbett drauf.
wie oben

Doch eines Tages,
wär hätt's gedacht?
Da wird dort im Bettchen
mal aufgewacht.
langsam die Decke wegziehen

Ein Fühler guckt raus.
Ein Beinchen, dann zwei,
dann kommt ein Flügel,
nein, es sind zwei!
die Finger langsam hervorgucken lassen

Ja, was ist denn das?
Ein Schmetterling!
Das war mal die Raupe,
das kleine Ding!
beide Hände als Schmetterling ausbreiten

Zuerst die Flügel trocknen,
eins, zwei, drei,
dann Fühler strecken,
das Köpfchen recken.
mit den „Flügeln" flattern

Jetzt fliegt er los,
der Schmetterling,
dann mach es mal gut,
du kleines Ding!
mit beiden Händen davonfliegen

Ab 2 Jahren

Der kleine Igel muss fressen

Ein Fingertheater für Herbst oder Winter

In diesem Fingertheaterstück begibt sich ein Igel auf Futter- und danach auf Nestsuche. Denn im Herbst müssen sich die Igel auf den Winterschlaf vorbereiten, indem sie sich eine dicke Speckschicht anfuttern.

MATERIAL Igelfingerpuppe ★ Herbstlaub ★ Schnecke (als kleines Spielzeugtier oder aus Pappe) ★ Regenwurm (als kleines Spielzeugtier oder aus Pappe) ★ Apfel (echter kleiner Apfel oder aus Pappe) ★ Wattebäusche

Legen Sie die Herbstblätter auf den Tisch oder Ihre Bühne. Auf den Zeigefinger oder einen anderen Finger, den Sie gut und lange hochhalten können, ziehen Sie die Igelfingerpuppe. Dann verstecken Sie den Igel-Finger im Laub und schon kann es losgehen:

Hört mal, ganz leise:
Was raschelt denn da?
Da unter den Blättern?
Da ist er ja!
Im Laub rascheln

Das ist der kleine Igel Nick,
im Laub unter Blättern,
mit Stacheln
und dick.
den Finger/Igel aus dem Laub hervorholen und zeigen

Ich habe hier ein Äpfelchen klein,
das mag er nicht?
Nicht lecker?
Nicht fein?
dem Igel den Apfel hinhalten

Da kriecht eine Schnecke
und – mit einem Happs! –
hat Nick sich das Tierchen
auch schon geschnappt!
die Schnecke zeigen und wieder verschwinden lassen

Hm, das ist lecker,
hm, das ist fein,
für Igel zumindest,
die mögen das gern.
den Igel zeigen

Weiter läuft Nick
in den Blättern umher,
da ist ja ein Wurm,
na, der schmeckt ihm sehr.
den Wurm zeigen und wieder verschwinden lassen, Fressgeräusche machen

Jetzt wird er müde,
der Igel Nick,
mit ganz kleinen Augen
der Igelblick.
gähnen

Im Laub ist's gemütlich,
im Laub ist es weich,
er kugelt sich zusammen
in seinem Reich.
den Igelfinger ins Laub legen

Jetzt schlummert er dort,
den Winter hindurch,
verborgen im Laub,
am geheimen Ort.
Schnarchgeräusche machen

Schnee deckt ihn zu,
den Igel Nick,
so schlummert er fest,
die Augen sind zu.
die Wattebäusche als Schnee auf die Blätter streuen – auch ein Kind kann das übernehmen

Im Frühling dann,
mit etwas Glück,
ist Igel Nick
wieder zurück!
den Igelfinger wieder zeigen

Ab 1 Jahr

Welcher Finger fehlt hier noch?

Ein Mini-Fingertheater zur Begrüßung

Malen Sie, bevor Sie beginnen, auf jede Fingerkuppe ein lächelndes Gesicht. Dann können die fünf Finger die Kinder begrüßen, beispielsweise im Morgenkreis.

MATERIAL Abwischbarer Filzstift oder Schminkstift

Der erste Finger ist schon da.
Guten Morgen, das ist wunderbar.
die geschlossene Faust hochhalten, den Zeigefinger aufklappen, sodass die Kinder sein Gesicht sehen können

Der zweite steht nun auch schon auf.
Der macht jetzt schön die Türen auf.
Der dritte Finger: fit und froh!
Springt auf und ab, er freut sich so.
Der vierte Finger kommt, hopp, hopp,
frisch geduscht, der ist tipptopp.
nacheinander die drei anderen Finger hervorziehen: Mittelfinger, Ringfinger und kleinen Finger

Einer fehlt noch, welcher ist's?
Sagt's mir gerne, wenn ihr es wisst!
die Kinder den Daumen nennen lassen

Der Daumen fehlt, der schläft wohl noch?
Wir rufen mal … da kommt er doch!
gemeinsam den Daumen rufen, dann den Daumen als letzten Finger aufklappen

Der Spaziergang

Ein Fingertheater mit Tierfingerpuppen

Ab 1 Jahr

Hund, Katze, Maus und Kuh ziehen in dieser kleinen Geschichte zu einem Spaziergang aus. Am Ende der Geschichte müssen sie aber ausruhen. So können Sie dieses Theater auch vor der Ruhezeit oder dem Mittagsschläfchen einbauen.

MATERIAL Tierfingerpuppen von Hund, Katze, Maus und Kuh

Bevor Sie loslegen, ziehen Sie die Fingerpuppen über die Finger. Über den Zeigefinger kommt die Maus, über den Mittelfinger der Hund, der Ringfinger bekommt die Katzenpuppe und über den kleinen Finger stecken Sie die Kuh-Puppe.

Vier kleine Tierchen, die gingen heut aus.
Die zogen zu einem Spaziergang hinaus.
die Hand mit den noch eingeklappten Fingern hochhalten

Die Maus hatte sich freigenommen
und auch der Hund ist mitgekommen.
Die Katze läuft schon einmal los,
wer fehlt denn noch? Wer ist das bloß?
nacheinander zuerst den Zeige-, dann den Mittel- und zum Schluss den Ringfinger aufklappen

Die Kuh Marie, die soll noch mit,
da kommt sie schon mit leichtem Tritt.
noch den kleinen Finger mit der Kuh aufklappen

So wandern die Freunde, was für ein Spaß,
durch Wiesen und Wälder, durch Laub und durch Gras.
mit den vier Fingern wackeln

Und wisst ihr, was sie dann noch machen?
Da fangt ihr sicher an zu lachen:
Sie legen sich hin und ruhen aus!
Und jetzt ist die Geschichte aus.
die vier Finger einklappen und den Daumen drüberhalten, dazu Schnarchgeräusche machen

IMPRESSUM

Bibliografische Information der Deutschen Bibliothek
Die Deutsche Bibliothek verzeichnet diese Publikation in der Deutschen Nationalbibliografie; detaillierte bibliografische Daten sind im Internet über http://dnb.ddb.de abrufbar.

1. Auflage 2022

Text: Suse Klein
Illustrationen: © cirodelia – AdobeStock
mit Ausnahme von Hände auf S. 12, 23, 50 © dlyastokiv – AdobeStock,
Feuerwerk S. 44 © blueringmedia – AdobeStock
Abbildungen: Cover Fond © Kiwi Fruit Punch – creativemarket.com,
Klebestreifen © Kbiscuit – AdobeStock

Satz & Gestaltung: Katrin Kleinschrot

Druck und Bindung: Grafisches Centrum Cuno, Calbe
ISBN 978-3-7806-5170-9